EXPRESSKEKSE

Knuspergenuss fürs ganze Jahr

Autor: Nico Stanitzok | Fotos: Wolfgang Schardt

DIE GU-QUALITÄTS-GARANTIE

Wir möchten Ihnen mit den Informationen und Anregungen in diesem Buch das Leben erleichtern und Sie inspirieren, Neues auszuprobieren. Bei jedem unserer Bücher achten wir auf Aktualität und stellen höchste Ansprüche an Inhalt, Optik und Ausstattung. Alle Rezepte und Informationen werden von unseren Autoren gewissenhaft erstellt und von unseren Redakteuren sorgfältig ausgewählt und mehrfach geprüft. Deshalb bieten wir Ihnen eine 100 %ige Qualitätsgarantie.

Darauf können Sie sich verlassen:
Wir legen Wert darauf, dass unsere Kochbücher zuverlässig und inspirierend zugleich sind.
Wir garantieren:
• dreifach getestete Rezepte
• sicheres Gelingen durch Schritt-für-Schritt-Anleitungen und viele nützliche Tipps
• eine authentische Rezept-Fotografie

Wir möchten für Sie immer besser werden:
Sollten wir mit diesem Buch Ihre Erwartungen nicht erfüllen, lassen Sie es uns bitte wissen! Wir tauschen Ihr Buch jederzeit gegen ein gleichwertiges zum gleichen oder ähnlichen Thema um. Nehmen Sie einfach Kontakt zu unserem Leserservice auf. Die Kontaktdaten unseres Leserservice finden Sie am Ende dieses Buches.

GRÄFE UND UNZER VERLAG
Der erste Ratgeberverlag – seit 1722.

INHALT

TIPPS UND EXTRAS

Umschlagklappe vorne:
Geräte in der 1, 2, 3-Keksbäckerei

Umschlagklappe hinten:
Schnelle Kekse hübsch gemacht
Noch mehr kleine Sünden

6 NUSSIG & WÜRZIG

22 FRUCHTIG & FEIN

COVER-
REZEPT

38 SCHOKOLADIG & BESONDERS

COVER-
REZEPT

FEINER DUFT UND GESCHMACK

Mit einer kleinen Auswahl an Gewürzen, Nüssen und Trockenfrüchten verleihen Sie Ihren Keksen das gewisse Etwas. Einige Zutaten sollten immer im Haus sein.

NÜSSE

Ob Mandeln, Pistazien, Cashew-, Hasel-, Wal- oder Pekannuss – sie schmecken alle unterschiedlich und verleihen Keksen ihr spezielles Aroma. Sie können die Nüsse (1) untereinander austauschen.

TROCKENFRÜCHTE

Trockenfrüchte (2) bringen richtig viel Geschmack! Kaufen Sie am besten die saftigere Soft-Variante. Trockenfrüchte mit ähnlicher Konsistenz können Sie problemlos untereinander austauschen.

VANILLE

Kaum ein süßes Rezept kommt ohne den betören-den Duft und Geschmack von Vanille (3) aus. Sie sollte als ganze Schote zum Einsatz kommen. Auf der rechten Seite finden Sie Rezepte für selbst ge-machten Vanillezucker und Vanilleextrakt.

ZIMT

Zimt (4) ist aus der süßen Bäckerei nicht wegzu-denken, ob pur oder in Gewürzmischungen. In gemahlener Form würzt er die Expresskekse. Zimt-pulver sparsam verwenden, es ist sehr intensiv.

KARDAMOM UND ROSENWASSER

Kardamom (5) gibt es gemahlen oder im Ganzen als grüne Kapseln. Ich nehme Kapseln, breche sie im Mörser auf, entferne die Schale und zerkleinere die Samen. Rosenwasser (6), das bei der Destilla-tion von Rosenöl entsteht, gibt's im Backregal.

VANILLEAROMA UND ZIMTWOLKEN ...

Wissen, was drin ist! Vanillezucker, Vanilleextrakt und Lebkuchengewürz ganz schnell selbst gemacht. Ein kleiner Aufwand, der sich lohnt – nicht nur für Viel-Bäcker.

VANILLEZUCKER

Eine ausgekratzte Vanilleschote mit Zucker in ein Glas mit gut schließendem Deckel geben und ca. 2 Wochen abwarten, dann ist der Zucker aromatisiert. Schneller geht's, wenn Sie 1 bis 2 Schoten klein schneiden und mit ca. 100 g Zucker im Blitzhacker fein mahlen. Grobe Stücke aussieben, fertig ist feinster Vanillezucker (1).

VANILLEEXTRAKT

Auch Vanilleextrakt (2) lässt sich leicht selbst herstellen: Für 90 g Vanilleextrakt 60 ml Wasser und 60 g Zucker in einem Topf bei starker Hitze unter Rühren aufkochen. Weiterrühren, bis sich der Zucker aufgelöst hat. Beiseitestellen. Von 6 Vanilleschoten die Enden abschneiden, die Schoten klein schneiden und mit dem heißen Sirup im Blitzhacker zu einem feinen Püree mixen. In sterilisierte Gläser füllen. Im Kühlschrank hält der Extrakt mehrere Monate. Der Extrakt würzt intensiv: knapp ½ TL Extrakt entspricht 1 Päckchen Vanillezucker.

LEBKUCHENGEWÜRZ

Diese Mischung ist einfach unverzichtbar in der Weihnachtsbäckerei: je 2 TL Zimtpulver, frisch geriebene Muskatnuss, Nelkenpulver, gemahlenen Koriander und gemahlenen Kardamom sowie je 1 TL Ingwerpulver, gemahlenen Anis und gemahlenen Piment in ein dunkles Schraubglas mit gut schließendem Deckel geben, durchschütteln, fertig ist das allerbeste Lebkuchengewürz (3)!

NUSSIG & WÜRZIG

Hier finden Sie Kekse, die nicht nur kernig im Biss sind, sondern auch verführerisch gewürzt. Ob Pistaziensterne oder Walnuss-Cookies, Kardamom-Shortbread oder Ingwerkekse – hier strömt schon beim Backen ein verführerischer Duft aus dem Ofen. Da wird die Küche schnell zum Treffpunkt für alle Naschkatzen.

PISTAZIENSTERNE

Pistazien sind wirklich etwas ganz Besonderes und in diesen hübschen Keksen kommt ihr wunderbarer Geschmack richtig gut zur Geltung.

Für den Teig:
110 g Pistazienkerne
100 g weiche Butter
125 g Zucker | Salz
1 Ei (Größe M)
2 EL Milch
2 Tropfen Bittermandelaroma
300 g Mehl
Für den Guss:
55 g Puderzucker
1 EL Zitronensaft
Außerdem:
Mehl für die Arbeitsfläche
Blitzhacker
Sternausstecher (5 cm ⌀)

Ein Stern am Pistazienhimmel

Für ca. 65 Stück |
25 Min. Zubereitung |
15 Min. Backen pro Blech
Pro Stück ca. 50 kcal,
1 g EW, 2 g F, 6 g KH

1 Den Backofen auf 160° vorheizen. Zwei Backbleche mit Backpapier auslegen. Für den Teig die Pistazien im Blitzhacker fein mahlen. Die weiche Butter mit dem Zucker und 1 Prise Salz in eine Schüssel geben und mit den Quirlen des Handrührgeräts glatt rühren. Ei, Milch und Bittermandelaroma dazugeben und alles cremig aufschlagen. 90 g gemahlene Pistazien unterrühren, dann das Mehl hinzufügen. Alle Zutaten mit den Händen rasch zu einem glatten Teig verkneten.

2 Den Teig auf der bemehlten Arbeitsfläche ca. 6 mm dick ausrollen. Mit dem Ausstecher Sterne ausstechen und auf die Backbleche legen. Den restlichen Teig wieder kurz zusammenkneten, erneut ausrollen und Sterne ausstechen, bis er aufgebraucht ist. Die Kekse im Ofen (Mitte) pro Blech ca. 15 Min. backen.

3 Herausnehmen, mit dem Backpapier vom Blech ziehen und auf einem Kuchengitter vollständig auskühlen lassen.

4 Für den Guss den Puderzucker sieben und mit dem Zitronensaft glatt rühren. Den Guss mit einem Pinsel auf die Pistaziensterne streichen. Sofort mit den restlichen gemahlenen Pistazien bestreuen und trocknen lassen.

TIPP Ausgelöste Pistazienkerne sind ganz schön teuer, darum kaufe ich meistens geröstete ungesalzene Pistazien in der Schale und breche sie selbst auf. Sie sind viel günstiger und für 100 g benötige ich gerade mal 10 Minuten. Und ein bisschen Knabberspaß ist auch noch dabei!

WALNUSSRINGE

150 g Walnusskerne | 100 g weiche Butter |
50 g Ahornsirup | 120 g Zucker | 2 TL Vanille-
zucker oder 1 TL Vanilleextrakt (siehe S. 5) |
½ TL Ingwerpulver | 2 Eier (Größe M) | 1 Eigelb
(Größe M) | 1 TL Backpulver | 220 g Mehl | Blitz-
hacker | 1 Spritzbeutel mit Sterntülle (Größe 8)

Raffiniert

Für ca. 30 Stück | 15 Min. Zubereitung |
15 Min. Backen pro Blech
Pro Stück ca. 110 kcal, 2 g EW, 6 g F, 11 g KH

1 Den Backofen auf 180° vorheizen. Zwei Backbleche mit Backpapier auslegen. Die Walnusskerne
im Blitzhacker fein mahlen.

2 Butter, Ahornsirup, Zucker, Vanillezucker oder
Vanilleextrakt, Ingwerpulver, Eier und Eigelb in
eine Schüssel geben und mit den Quirlen des
Handrührgeräts schnell zu einer glatten Masse
rühren. Die gemahlenen Walnüsse und das Backpulver dazugeben und mit dem Handrührgerät
rasch einarbeiten. Das Mehl hinzufügen und eben-
falls mit dem Handrührgerät untermischen, bis ein
glatter Teig entstanden ist.

3 Den Teig in den Spritzbeutel füllen und mit etwas Abstand zueinander Kringel von ca. 5 cm ∅
auf die Backbleche aufspritzen. Die Walnussringe
im Ofen (Mitte) pro Blech 12–15 Min. backen. Herausnehmen, mit dem Backpapier vom Blech ziehen und auf einem Kuchengitter auskühlen lassen.

TIPP

Noch schneller geht es, wenn Sie ca. 4 cm
lange Streifen aufspritzen. Tauchen Sie die
Unterseiten in geschmolzene Vollmilchschoko-
lade und kleben Sie je 2 Streifen zusammen.

NUGATTATZEN

150 g weiche Butter | 120 g Haselnussnugat | 170 g Mehl | 150 g Speisestärke | 100 g Zucker | 2 TL Vanillezucker oder 1 TL Vanilleextrakt (siehe S. 5) | 2 Eier (Größe M) | Spritzbeutel mit Lochtülle (Größe 11)

Diese Kekse werden bestimmt nicht alt

Für ca. 30 Stück | 15 Min. Zubereitung | 18 Min. Backen pro Blech
Pro Stück ca. 115 kcal, 1 g EW, 6 g F, 15 g KH

1 Den Backofen auf 180° vorheizen. Zwei Backbleche mit Backpapier auslegen. Die Butter mit dem Nugat in einen kleinen Topf geben und bei mittlerer Hitze schmelzen.

2 Inzwischen das Mehl mit der Stärke, Zucker und Vanillezucker oder Vanilleextrakt in einer Schüssel mischen. Die Eier und die Butter-Nugat-Mischung dazugeben. Alles mit den Quirlen des Handrührgeräts zu einem geschmeidigen Teig verrühren.

3 Den Teig in den Spritzbeutel füllen und zu ovalen Tupfen mit ca. 4 cm ⌀ auf die Backbleche aufspritzen. Die Nugattatzen im Ofen (Mitte) pro Blech 15–18 Min. backen. Herausnehmen, mit dem Backpapier vom Blech ziehen und auf einem Kuchengitter vollständig auskühlen lassen.

TIPP

Für noch mehr Nugatgenuss schmelzen Sie 120 g Nugat in einer Schüssel über dem Wasserbad und tauchen die Nugattatzen jeweils bis zur Hälfte darin ein. Danach zum Abtropfen und Festwerden auf ein Kuchengitter legen, am besten mit einem Blatt Backpapier darunter, damit die Arbeitsfläche nicht volltropft.

HASELNUSS-ERDBEER-KÜSSE

175 g weiche Butter | 2 Eigelb (Größe M) | 75 g Agavendicksaft |
Salz | 200 g Vollkornmehl | 125 g gemahlene Haselnüsse |
½ TL Backpulver | ca. 50 g Erdbeerkonfitüre

Volles Korn und nicht zu süß

Für ca. 30 Stück | 15 Min. Zubereitung | 15 Min. Backen pro Blech
Pro Stück ca. 105 kcal, 1 g EW, 8 g F, 8 g KH

1 Den Backofen auf 200° vorheizen. Zwei Backbleche mit Backpapier auslegen. Die Butter mit den Eigelben, dem Agavendicksaft und
1 Prise Salz in einer Schüssel mit den Quirlen des Handrührgeräts
schaumig aufschlagen.

2 Vollkornmehl, gemahlene Haselnüsse und Backpulver dazugeben und mit einem Teigspatel unterheben. Alle Zutaten mit den
Händen zügig zu einem geschmeidigen Teig kneten.

3 Aus dem Teig mit den Händen etwa walnussgroße Kugeln formen
und mit etwas Abstand zueinander auf die Backbleche setzen. Mit
dem angefeuchteten Stielende eines Kochlöffels in jede Teigkugel
eine ca. 1 cm tiefe Mulde drücken. Die Erdbeerkonfitüre glatt rühren
und mit einem Teelöffel kleine Portionen in die Mulden geben.

4 Die Haselnuss-Erdbeer-Küsse im Ofen (Mitte) pro Blech
ca. 15 Min. backen. Herausnehmen, mit dem Backpapier vom Blech
ziehen und auf einem Kuchengitter auskühlen lassen.

KARDAMOM-SHORTBREAD

1 Bio-Orange | 150 g Mehl | 50 g Zucker | 1 TL gemahlener Kardamom (siehe Tipp) | 100 g weiche Butter | Puderzucker zum Bestäuben

Fein-knuspriges Teegebäck

Für ca. 30 Stück | 12 Min. Zubereitung |
8 Min. Backen pro Blech
Pro Stück ca. 50 kcal, 1 g EW, 3 g F, 5 g KH

1 Den Backofen auf 180° vorheizen. Zwei Backbleche mit Backpapier auslegen. Die Orange heiß waschen, abtrocknen und die Schale fein abreiben.

2 Mehl, Zucker, Kardamom und Orangenschale in einer Schüssel mischen und die Butter dazugeben. Alle Zutaten mit den Händen zügig zu einem glatten Teig verkneten und auf der bemehlten Arbeitsfläche zu einem ca. 35 × 25 cm großen, ca. 3 mm dünnen Rechteck ausrollen.

3 Das Teigrechteck mit einem Messer in gleichmäßige Streifen von 2 cm Breite und 6 cm Länge schneiden. Auf die Backbleche legen und jeden Teigstreifen 3-mal mit einer Gabel einstechen.

4 Das Kardamom-Shortbread im Ofen (Mitte) pro Blech ca. 8 Min. backen. Herausnehmen, mit dem Backpapier vom Blech ziehen, mit etwas Puderzucker bestäuben und auf einem Kuchengitter vollständig auskühlen lassen.

TIPPS

Wenn es nicht ganz so schnell gehen muss, verwende ich Kardamomkapseln. Für dieses Rezept braucht man die zerkleinerten Samen von 10–12 Kapseln. Für feines Zitronen-Lavendel-Shortbread tauschen Sie die Orange gegen eine Zitrone und den Kardamom gegen 1 TL getrocknete Lavendelblüten aus.

INGWERKEKSE

25 g kandierter Ingwer | 250 g Mehl | 1 TL Back-pulver | 80 g Zucker | 1 TL Ingwerpulver | 100 g weiche Butter | 1 Ei (Größe M)

Fruchtig & würzig

Für ca. 30 Stück | 15 Min. Zubereitung | 10 Min. Backen pro Blech
Pro Stück ca. 70 kcal, 1 g EW, 3 g F, 9 g KH

1 Den Backofen auf 200° vorheizen. Zwei Back-bleche mit Backpapier auslegen. Den kandierten Ingwer in sehr kleine Stücke oder hauchdünne Scheiben schneiden.

2 Mehl, Backpulver, Zucker, kandierten Ingwer und Ingwerpulver in einer Schüssel mischen. Die Butter und das Ei hinzufügen und alle Zutaten zü-gig mit den Händen zu einem Mürbeteig verkneten.

3 Jeweils eine esslöffelgroße Menge Teig abneh-men, mit den Händen zu einer Kugel formen und auf das Backblech legen. Auf diese Weise ca. 30 Teigkugeln formen und mit etwas Abstand zuein-ander auf die Bleche legen. Die Teigkugeln mit ei-nem weiteren Backpapier belegen und mit dem Boden eines Glases auf ca. 8 mm flach drücken. Das obere Backpapier entfernen.

4 Die Ingwerkekse im Ofen (Mitte) pro Blech ca. 10 Min. backen. Herausnehmen, mit dem Back-papier vom Blech ziehen und auf einem Kuchen-gitter vollständig auskühlen lassen.

TIPP

Ersetzen Sie den kandierten Ingwer für ein neues Geschmackserlebnis doch einmal durch kandierte Ananas!

CASHEWTÖRTCHEN

Diese feinen Kekse werden mit einer herrlich süßen Creme aus Cashewnüssen, Honig und Zimt gefüllt. Eine wahre Bereicherung für jede Kaffeetafel!

Für den Teig:
230 g Mehl
80 g Zucker
Salz
½ TL Backpulver
125 g weiche Butter
2 Eigelb (Größe M)
1 TL Milch
3 Tropfen Rumaroma
Für die Füllung:
150 g Cashewkerne
½ TL Zimtpulver
100 g Honig (am besten Akazienhonig)
Außerdem:
runder Ausstecher (5 cm ⌀)
Mehl für die Arbeitsfläche
Blitzhacker

Knusprig trifft cremig

Für ca. 26 Stück |
30 Min. Zubereitung |
10 Min. Backen pro Blech
Pro Stück ca. 125 kcal,
2 g EW, 7 g F, 14 g KH

1 Den Backofen auf 200° vorheizen. Zwei Backbleche mit Backpapier auslegen. Für den Teig das Mehl mit Zucker, 1 Prise Salz und Backpulver in einer Schüssel mischen. Butter, Eigelbe, Milch und Rumaroma dazugeben und alle Zutaten mit den Händen rasch zu einem glatten Teig verkneten.

2 Den Teig auf der bemehlten Arbeitsfläche ca. 4 mm dick ausrollen, mit dem Ausstecher Kreise ausstechen und mit etwas Abstand zueinander auf die Backbleche legen. Den restlichen Teig erneut ausrollen und Kreise ausstechen, bis er aufgebraucht ist.

3 Die Kekse im Ofen (Mitte) pro Blech ca. 10 Min. backen. Herausnehmen, mit dem Backpapier vom Blech ziehen und auf einem Kuchengitter vollständig auskühlen lassen.

4 Inzwischen für die Füllung die Cashewkerne im Blitzhacker fein mahlen, den Zimt dazugeben und untermixen. Diese Mischung mit dem Honig zu einer Paste verrühren. Mit einem Teelöffel gut haselnussgroße Portionen abnehmen und mit angefeuchteten Händen zu Kugeln mit ca. 2,5 cm Durchmesser formen. Auf die Hälfte der Kekse setzen und die andere Hälfte der Kekse als Deckel daraufsetzen. Vorsichtig andrücken.

TIPPS

Tauschen Sie die Cashewkerne durch ganze blanchierte Mandeln oder Erdnusskerne aus – im Nu haben Sie zwei feine neue Sorten. Wenn Sie die Kekse etwas weniger süß mögen, ersetzen Sie in der Füllung 20 g Honig durch 20 g Sahne.

KAKAOMAKRONEN

3 Eiweiß (Größe M) | 125 g Zucker | 2 TL Vanille-zucker | 80 g gemahlene Mandeln | 40 g Kakao-pulver (schwach entölt) | 80 g Haferflocken | ca. 30 Backoblaten (5 cm ⌀)

Luftiger Kakaogenuss

Für ca. 30 Stück | 15 Min. Zubereitung | 25 Min. Backen pro Blech
Pro Stück ca. 50 kcal, 2 g EW, 2 g F, 7 g KH

1 Den Backofen auf 150° vorheizen. Zwei Backble-che mit Backpapier auslegen. Ca. 30 Backoblaten gleichmäßig darauf verteilen.

2 Die Eiweiße mit den Quirlen des Handrührge-räts schaumig anschlagen, dabei Zucker und Vanil-lezucker einrieseln lassen. Die Mischung ca. 2 Min. weiterschlagen, bis man festen Eischnee erhält.

3 Gemahlene Mandeln, Kakao und Haferflocken in einer Schüssel gut mischen. Den Eischnee dazu-geben und mit einem Teigspatel unterheben, bis ein zäher Teig entstanden ist. Nach und nach mit zwei Teelöffeln kleine Teigportionen abnehmen und in Häufchen auf die Oblaten setzen. Dabei et-was flach drücken.

4 Die Kakaomakronen im Ofen (Mitte) pro Blech ca. 25 Min. backen. Herausnehmen und auf dem Backblech vollständig auskühlen lassen.

TIPP

Achten Sie beim Einkauf in der Backabteilung auf den richtigen Kakao. Ideal zum Backen ist schwach entöltes Kakaopulver. Es enthält min-destens 20 % Kakaobutter und verleiht den Keksen ein kräftiges Schokoladenaroma.

ERDNUSSMAKRONEN

200 g geröstete, gesalzene Erdnusskerne | 2 Eiweiß (Größe M) | 110 g (Roh-)Rohrzucker | 1 TL Vanillezucker | 40 g Mehl | ca. 45 geröstete, gesalzene Erdnusskerne zum Garnieren | Blitzhacker

Salty & crunchy

Für ca. 45 Stück | 25 Min. Zubereitung | 25 Min. Backen pro Blech
Pro Stück ca. 45 kcal, 2 g EW, 3 g F, 4 g KH

1 Den Backofen auf 150° vorheizen. Zwei Backbleche mit Backpapier auslegen. Die Erdnüsse im Blitzhacker nicht zu fein mahlen.

2 Die Eiweiße mit den Quirlen des Handrührgeräts schaumig anschlagen, dabei den Zucker und Vanillezucker einrieseln lassen. Ca. 5 Min. weiterschlagen, bis der Eischnee sehr cremig ist.

3 Die gemahlenen Erdnüsse und das Mehl dazugeben und mit einem Teigspatel unterheben, bis ein zäher Teig entstanden ist. Nach und nach mit zwei Teelöffeln kleine Teigportionen abnehmen und in Häufchen mit etwas Abstand zueinander auf die Backbleche setzen. Je 1 Erdnuss auf jedes Teighäufchen setzen.

4 Die Erdnussmakronen im Ofen (Mitte) pro Blech 20–25 Min. backen. Herausnehmen und auf dem Backblech vollständig auskühlen lassen.

TIPPS

Wenn Sie die Makronen richtig crunchy mögen, zerkleinern Sie die Erdnüsse im Blitzhacker nur grob. Übrigens können Sie auch Cashewnüsse für das Rezept verwenden.

WALNUSS-COOKIES

100 g weiße Kuvertüre | 40 g Walnusskerne |
100 g weiche Butter | 100 g Zucker | 2 TL Vanille-
zucker oder 1 TL Vanilleextrakt (siehe S. 5) |
1 Ei (Größe M) | ½ TL Natron | 200 g Mehl

Gedacht, gemacht

Für ca. 35 Stück | 20 Min. Zubereitung |
8 Min. Backen pro Blech
Pro Stück ca. 80 kcal, 1 g EW, 4 g F, 9 g KH

1 Den Backofen auf 200° vorheizen. Zwei Backbleche mit Backpapier auslegen. Die Kuvertüre
und die Walnusskerne mit einem großen Messer
fein hacken und beiseitestellen.

2 Butter, Zucker, Vanillezucker oder Vanilleextrakt
und das Ei in einer Schüssel mit den Quirlen des
Handrührgeräts cremig aufschlagen, bis sich der
Zucker aufgelöst hat. Natron und Mehl dazugeben

und rasch unterarbeiten. Zum Schluss die Kuvertüre und die Walnusskerne unter den Teig rühren.

3 Mit einem Teelöffel Teigportionen abnehmen
und mithilfe eines zweiten Teelöffels als walnussgroße Häufchen mit etwas Abstand zueinander auf
die Backbleche setzen.

4 Die Walnuss-Cookies im Ofen (Mitte) pro Blech
ca. 8 Min. backen. Herausnehmen, mit dem Backpapier vom Blech ziehen und auf einem Kuchengitter vollständig auskühlen lassen.

TIPP

Sind Sie kein Fan von weißer Kuvertüre? Dann
probieren Sie die Walnuss-Cookies mit Voll-
milch- oder Zartbitterkuvertüre. Schmeckt
auch wunderbar und etwas weniger süß!

KAKAOSCHNECKEN

250 g Mehl | 125 g Zucker | 1 TL Backpulver |
125 g kalte Butter (in Würfeln) | 1 Ei (Größe M) |
3 EL Milch | 1 EL Kakaopulver (schwach entölt) |
Mehl für die Arbeitsfläche

Schnell gebacken, langsam genossen

Für ca. 25 Stück | 15 Min. Zubereitung |
15 Min. Backen pro Blech
Pro Stück ca. 95 kcal, 1 g EW, 5 g F, 12 g KH

1 Den Backofen auf 175° vorheizen. Zwei Backbleche mit Backpapier auslegen. Mehl, Zucker und Backpulver in einer Schüssel mischen und in die Mitte eine Mulde drücken. Butter, Ei und 2 EL Milch hineingeben und alle Zutaten mit den Händen zügig zu einem glatten Teig verkneten. Den Teig halbieren und eine Hälfte mit der übrigen Milch und dem Kakao zu einem dunklen Teig verkneten.

2 Die beiden Teigportionen auf der bemehlten Arbeitsfläche zu möglichst gleichmäßigen Rechtecken von ca. 30 × 20 cm Größe und ca. 5 mm Dicke ausrollen. Mithilfe eines Tortenhebers (Palette) aufeinanderlegen und von der breiten Seite her vorsichtig aufrollen. Dabei etwas zusammendrücken. Die Rolle anschließend mit einem Messer in ca. 6 mm dicke Scheiben schneiden.

3 Die Scheiben auf die Backbleche verteilen. Die Kakaoschnecken im Ofen (Mitte) pro Blech ca. 15 Min. backen. Herausnehmen, mit dem Backpapier vom Blech ziehen und auf einem Kuchengitter vollständig auskühlen lassen.

FRUCHTIG & FEIN

Früchte und einige süßliche Gemüse verleihen den Keksen nicht nur ein besonderes Aroma, sondern sorgen auch für extra Saftigkeit und einen speziellen Kick. Wer träumt schon von einer üppigen Torte, wenn er Rübli-Kekse, Pflaumen-Shortbread, Apfel-Crumbles oder Himbeer-Mohn-Schnecken genießen kann?

LEMON-POPPY-COOKIES

Hier treffen zwei Zutaten aufeinander, die sich lieben und perfekt ergänzen: Zitrone und Mohn bilden geschmacklich eine beinahe unschlagbare Einheit!

1 Bio-Zitrone
180 g weiche Butter
140 g Zucker
1 TL Vanillezucker
Salz
1 Ei (Größe M)
30 g Blaumohn
300 g Mehl

Überraschendes Aroma

Für ca. 30 Stück |
20 Min. Zubereitung |
12 Min. Backen pro Blech
Pro Stück ca. 105 kcal,
2 g EW, 6 g F, 12 g KH

1 Den Backofen auf 175° vorheizen. Zwei Backbleche mit Backpapier auslegen. Die Zitrone heiß waschen und abtrocknen. Die Schale fein abreiben und den Saft auspressen.

2 Butter, Zucker, Vanillezucker, 1 Prise Salz, das Ei, 2 EL Zitronensaft und die -schale in eine Schüssel geben und mit den Quirlen des Handrührgeräts glatt rühren. Den Mohn und 100 g Mehl dazugeben und unterrühren. Das restliche Mehl mit den Händen einarbeiten, bis ein geschmeidiger Teig entstanden ist.

3 Mit einem Teelöffel eine walnussgroße Teigportion abnehmen, zwischen den Handflächen zu einer Kugel rollen und auf das Backblech legen. Auf diese Weise ca. 30 Teigkugeln rollen und mit etwas Abstand zueinander auf die Backbleche legen. Die Teigkugeln mit einem weiteren Backpapier belegen und mit dem Boden eines Glases auf ca. 8 mm flach drücken. Das obere Backpapier wieder entfernen.

4 Die Kekse im Ofen (Mitte) pro Blech 10–12 Min. backen, bis der Rand leicht gebräunt ist. Lemon-Poppy-Cookies herausnehmen, mit dem Backpapier vom Blech ziehen und auf einem Kuchengitter vollständig auskühlen lassen.

TIPP In diesem Rezept verwende ich den Mohn ungemahlen. Wenn Sie einen Mörser haben und den kleinen extra Zeitaufwand nicht scheuen, können Sie den Mohn kurz im Mörser mahlen, dann gibt er sein volles Aroma an den Teig ab. Achtung, im Blitzhacker lässt sich Mohn nicht gut mahlen!

APRIKOSEN-MANDEL-KEKSE

200 g Soft-Aprikosen | 125 g weiche Butter | 160 g (Roh-)Rohrzucker | 1 TL Vanillezucker oder ½ TL Vanilleextrakt (siehe S. 5) | Salz | 1 Ei (Größe M) | 245 g gemahlene Mandeln | ½ TL Backpulver | 170 g Mehl

Herrlich aromatisches Duo

Für ca. 40 Stück | 20 Min. Zubereitung | 20 Min. Backen pro Blech
Pro Stück ca. 105 kcal, 2 g EW, 6 g F, 10 g KH

1 Den Backofen auf 150° vorheizen. Zwei Backbleche mit Backpapier auslegen. Die Soft-Aprikosen mit einem großen Messer nicht zu fein hacken.

2 Butter, Zucker, Vanillezucker oder Vanilleextrakt und 1 Prise Salz in eine Schüssel geben und mit den Quirlen des Handrührgeräts glatt rühren. Das Ei dazugeben und unterrühren. Aprikosen, gemahlene Mandeln, Backpulver und Mehl dazugeben und alles zu einem glatten Teig verrühren.

3 Mit einem Teelöffel eine walnussgroße Teigportion abnehmen, zwischen den Handflächen zu einer Kugel rollen und auf das Blech setzen. Auf diese Weise ca. 40 Teigkugeln formen und mit etwas Abstand zueinander auf die Backbleche setzen. Die Teigkugeln mit einem weiteren Backpapier belegen und mit dem Boden eines Glases auf ca. 8 mm flach drücken. Das obere Backpapier anschließend wieder entfernen.

4 Die Aprikosen-Mandel-Kekse im Ofen (Mitte) pro Blech ca. 20 Min. goldbraun backen. Herausnehmen, mit dem Backpapier vom Blech ziehen und auf einem Kuchengitter auskühlen lassen.

RÜBLI-KEKSE

1 Möhre (120 g) | 50 g Marzipanrohmasse | 150 g weiche Butter | 100 g Zucker | 2 Eier (Größe M) | 1 Msp. Natron | 50 g gemahlene Haselnüsse | 125 g Mehl | 125 g Aprikosenkonfitüre

Süß-saftige Hasenkekse

Für ca. 35 Stück | 25 Min. Zubereitung | 15 Min. Backen pro Blech
Pro Stück ca. 85 kcal, 1 g EW, 5 g F, 9 g KH

1 Den Backofen auf 180° vorheizen. Zwei Backbleche mit Backpapier auslegen. Die Möhre schälen, waschen, abtrocknen und fein reiben. Die Marzipanrohmasse grob reiben. Beides beiseitestellen.

2 Butter, Zucker und Eier in einer Schüssel mit den Quirlen des Handrührgeräts ca. 30 Sek. cremig rühren. Natron, gemahlene Haselnüsse und das Mehl mit dem Handrührgerät einarbeiten. Die ge-raspelte Möhre und das geriebene Marzipan mit einem Löffel unterheben.

3 Nach und nach mit zwei Teelöffeln kleine Teigportionen abnehmen und mit etwas Abstand zueinander in Häufchen auf die Backbleche setzen. Mit dem Löffel etwas flacher drücken. Die Rübli-Kekse im Ofen (Mitte) pro Blech ca. 15 Min. backen. Herausnehmen und mit dem Backpapier auf ein Kuchengitter ziehen.

4 Die Aprikosenkonfitüre in einem kleinen Topf etwas erwärmen und glatt rühren. Mit einem Backpinsel auf die heißen Kekse auftragen. Vollständig auskühlen lassen.

PFLAUMEN-SHORTBREAD

80 g Soft-Pflaumen | ½ Bio-Orange | 190 g Mehl |
40 g Speisestärke | 60 g Zucker | ½ TL Zimtpul-
ver | 1 Msp. Nelkenpulver | 1 Eigelb (Größe M) |
125 g weiche Butter | 100 g Puderzucker

Frühstückskekse

Für ca. 50 Stück | 30 Min. Zubereitung |
10 Min. Backen pro Blech
Pro Stück ca. 50 kcal, 0 g EW, 2 g F, 8 g KH

1 Den Backofen auf 180° vorheizen. Zwei Backbleche mit Backpapier auslegen. Die Soft-Pflaumen
fein hacken oder in feine Würfel schneiden. Die
Orange heiß waschen und abtrocknen, die Schale
fein abreiben und den Saft auspressen.

2 Das Mehl mit Stärke, Zucker, Zimtpulver, Nelkenpulver und Orangenschale in einer Schüssel mischen. In die Mitte eine Mulde drücken und Eigelb,
Butter und gehackte Pflaumen hineingeben. Alles
mit den Händen zu einem glatten Teig verkneten.

3 Den Teig zwischen zwei Bögen Backpapier zu
einem ca. 35 × 45 cm großen Rechteck von
ca. 4 mm Dicke ausrollen. Das obere Backpapier
abziehen und die Teigplatte mit einem Messer in
ca. 3,5 × 5 cm große Rechtecke schneiden. Die
Teigrechtecke auf die Backbleche verteilen und im
Ofen (Mitte) pro Blech ca. 10 Min. backen. Herausnehmen, mit dem Backpapier auf ein Kuchengitter
ziehen und etwas abkühlen lassen.

4 Den Puderzucker in eine kleine Schüssel sieben
und mit dem Orangensaft zu einem Guss verrühren. Mit einem Backpinsel auf das Pflaumen-Shortbread auftragen. Vollständig trocknen lassen.

DATTEL-SOFTIES

1 Bio-Limette | 200 g Soft-Datteln | 2 Eier (Größe M) | 40 g Zucker | 125 g gemahlene Mandeln | 50 g Haferkleie | 50 g Haselnusskrokant (Fertigprodukt) | Blitzhacker

So soft, so fruchtig!

Für ca. 30 Stück | 20 Min. Zubereitung | 15 Min. Backen pro Blech
Pro Stück ca. 65 kcal, 2 g EW, 3 g F, 8 g KH

1 Den Backofen auf 150° vorheizen. Zwei Backbleche mit Backpapier auslegen. Die Limette heiß waschen, abtrocknen und die Schale fein abreiben. Die Soft-Datteln im Blitzhacker fein hacken. Die Eier trennen und die Eiweiße mit dem Zucker zu sehr steifem Eischnee schlagen.

2 Die gemahlenen Mandeln mit Haferkleie und Haselnusskrokant mischen und mit der Limettenschale, dem Dattelpüree und den Eigelben in einer Schüssel zu einer Paste verkneten. Den Eischnee dazugeben und alles mit dem Teigschaber zu einem zähen Teig verarbeiten.

3 Mit einem Teelöffel walnussgroße Teigportionen abnehmen und mithilfe eines zweiten Löffels mit Abstand zueinander als Häufchen auf die Backbleche setzen. Die Dattel-Softies im Ofen (Mitte) pro Blech 10–15 Min. backen. Herausnehmen, mit dem Backpapier vom Blech ziehen und auf einem Kuchengitter vollständig auskühlen lassen.

TIPP

Wenn Sie keinen Blitzhacker haben, schneiden oder hacken Sie die Datteln mit einem großen Messer. Es dauert zwar etwas länger, aber die Mühe lohnt sich für die feinen Kekse.

ORANGENRAUTEN

Orange und Pistazie – eine wunderbare Kombination aus 1001 Nacht. Diese feinen Kekse zergehen auf der Zunge, Maismehl und Speisestärke machen sie so knusprig.

Für den Teig:
1 Bio-Orange
100 g Speisestärke
150 g Maismehl
½ TL Backpulver
100 g Zucker
2 Eigelb (Größe M)
Salz
100 g kalte Butter (in Würfeln)
Für den Guss:
50 g Puderzucker
3 EL Orangensaft
25 g gehackte Pistazien
Außerdem:
Mehl für die Arbeitsfläche

Ein Traum zum Tee

Für ca. 35 Stück |
25 Min. Zubereitung |
15 Min. Backen pro Blech
Pro Stück ca. 70 kcal,
1 g EW, 3 g F, 10 g KH

1 Den Backofen auf 190° vorheizen. Zwei Backbleche mit Backpapier auslegen. Für den Teig die Orange heiß waschen, abtrocknen und die Schale fein abreiben. Den Saft auspressen und beides beiseitestellen.

2 Speisestärke, Maismehl, Backpulver und Zucker in eine Schüssel geben, mit einem Schneebesen verrühren und eine kleine Mulde in der Mitte formen. Die Eigelbe, 1 Prise Salz, Butterwürfel, Orangenschale und 4 EL Orangensaft hineingeben und zügig mit den Händen zu einem Teig verkneten.

3 Den Teig auf der bemehlten Arbeitsfläche 5–6 mm dick ausrollen. Mit einem Messer in 4 cm breite Streifen schneiden, dann quer in 4 cm breite Rauten schneiden. Die Orangenrauten auf die Backbleche setzen und im Ofen (Mitte) pro Blech 14–15 Min. goldbraun backen. Herausnehmen, mit dem Backpapier vom Blech ziehen und auf einem Kuchengitter etwas abkühlen lassen.

4 Während die Rauten backen, für den Guss den Puderzucker sieben und mit dem Orangensaft glatt rühren. Den Guss mit einem Backpinsel auf die warmen Orangenrauten auftragen, mit den gehackten Pistazien bestreuen und vollständig auskühlen lassen.

TIPP Eine spannende Kreation wird aus diesem Rezept, wenn Sie die Orange für den Teig durch eine Zitrone ersetzen, die fertigen Kekse mit Zitronenguss bestreichen und anstatt mit Pistazien mit etwas Szechuanpfeffer bestreuen. Aber bitte sehr sparsam mit dem Pfeffer umgehen!

KÜRBIS-GEWÜRZ-KEKSE

100 g Kürbisfleisch (z. B. Hokkaido) | 2 TL Zimt-pulver | ½ TL Ingwerpulver | 1 Msp. frisch gerie-bene Muskatnuss | 2 TL Vanillezucker | 270 g (Roh-)Rohrzucker | 100 g weiche Butter | 1 Ei (Größe M) | 500 g Mehl | 1 TL Backpulver

Raffiniertes zum Kaffee

Für ca. 40 Stück | 15 Min. Zubereitung |
10 Min. Backen pro Blech
Pro Stück ca. 90 kcal, 2 g EW, 2 g F, 16 g KH

1 Den Backofen auf 180° vorheizen. Zwei Back-bleche mit Backpapier auslegen. Das Kürbisfleisch auf einer Küchenreibe fein reiben. Zimt, Ingwer, Muskatnuss, Vanillezucker und 50 g Zucker in einer Schüssel mischen und beiseitestellen.

2 Die Butter, den restlichen Zucker, das Ei und die Kürbisraspel in einer Schüssel mit den Quirlen des Handrührgeräts glatt rühren. 250 g Mehl sowie das Backpulver dazugeben und unterrühren. Das üb-rige Mehl mit den Händen einarbeiten, bis ein fes-ter, aber geschmeidiger Teig entstanden ist.

3 Aus esslöffelgroßen Teigportionen Kugeln for-men und diese rundherum im Gewürzzucker wäl-zen. Die Teigkugeln mit etwas Abstand zueinander auf die Backbleche verteilen, mit einem weiteren Backpapier abdecken und mit dem Boden eines Glases auf ca. 8 mm flach drücken. Das obere Backpapier wieder entfernen.

4 Die Kürbis-Gewürz-Kekse im Ofen (Mitte) pro Blech ca. 10 Min. backen. Herausnehmen, mit dem Backpapier vom Blech ziehen und auf einem Ku-chengitter vollständig auskühlen lassen.

APFEL-CRUMBLES

250 g Mehl | 120 g Zucker | 2 TL Vanillezucker |
½ TL Zimtpulver | ½ TL Backpulver | 125 g kalte
Butter (in Würfeln) | 1 Apfel

Bleiben lange frisch

Für ca. 40 Stück | 15 Min. Zubereitung |
15 Min. Backen pro Blech
Pro Stück ca. 60 kcal, 1 g EW, 3 g F, 8 g KH

1 Den Backofen auf 200° vorheizen. Zwei Backbleche mit Backpapier auslegen. Mehl, Zucker, Vanillezucker, Zimt- und Backpulver in eine Schüssel
geben und locker mischen.

2 Die kalte Butter dazugeben und alle Zutaten mit
den Quirlen des Handrührgeräts zu Streuseln verarbeiten. Den Apfel schälen und auf einer Küchenreibe bis auf das Kerngehäuse grob dazureiben.
Zügig und locker unter die Streusel heben.

3 Mit einem Esslöffel etwas Streuselmischung
abnehmen und als kleines Häufchen auf das Backblech setzen. Mit den Händen leicht zusammendrücken. Ca. 40 Teighäufchen mit etwas Abstand
zueinander auf die Bleche setzen.

4 Die Apfel-Crumbles im Ofen (Mitte) pro Blech
ca. 15 Min. goldbraun backen. Herausnehmen, mit
dem Backpapier vom Blech ziehen und auf einem
Kuchengitter vollständig auskühlen lassen.

TIPP

Wie wäre es zur Abwechslung mal mit Birnen-
Crumbles? Tauschen Sie den Apfel einfach gegen eine festfleischige, aromatische Birne aus
und im Nu haben Sie eine neue Lieblingssorte.

HIMBEER-MOHN-SCHNECKEN

Mit ein klein bisschen Fingerspitzengefühl gelingen diese wunderschönen Rollenkekse und beeindrucken Ihre Gäste nicht nur optisch, sondern auch geschmacklich.

200 g Mehl
50 g Speisestärke
1 gestr. TL Backpulver
100 g Zucker
2 TL Vanillezucker
100 g weiche Butter
1 Ei
1 EL Milch
60 g Himbeerkonfitüre
30 g Blaumohn
Außerdem:
Mehl für die Arbeitsfläche

Raffinierte Kombi

Für ca. 30 Stück |
20 Min. Zubereitung |
13 Min. Backen pro Blech
Pro Stück ca. 80 kcal,
1 g EW, 4 g F, 11 g KH

1 Den Backofen auf 170° vorheizen. Zwei Backbleche mit Backpapier auslegen. Mehl, Speisestärke, Backpulver, 70 g Zucker und Vanillezucker in einer großen Schüssel gründlich mischen. Butter, Ei und Milch dazugeben und alle Zutaten mit den Händen rasch zu einem glatten Teig verkneten.

2 Den Teig auf der bemehlten Arbeitsfläche sehr gut durchkneten, bis er glatt und geschmeidig ist. Zu einem Rechteck von ca. 40 × 30 cm ausrollen (Bild 1).

3 Die Himbeerkonfitüre mit einem Löffel auf der Teigplatte verstreichen. Den Mohn mit dem übrigen Zucker mischen und gleichmäßig daraufstreuen. Die Teigplatte von der langen Seite her aufrollen. Das geht am besten, wenn man die Teigkante zunächst mit einem Tortenheber anhebt, dann die Teigplatte mit etwas Druck aufrollen (Bild 2). Die Rolle in ca. 1 cm dicke Scheiben schneiden (Bild 3) und die Scheiben auf die Backbleche verteilen.

4 Die Schnecken im Ofen (Mitte) pro Blech ca. 13 Min. backen. Herausnehmen, mit dem Backpapier vom Blech ziehen und auf einem Kuchengitter auskühlen lassen.

TIPP Wenn ich das Rezept variieren möchte, gebe ich auch mal 1 EL schwach entöltes Kakaopulver dazu. Schon habe ich dunkle Kekse und ein neues Geschmackserlebnis. Die Himbeerkonfitüre lässt sich durch Aprikosen- oder Erdbeerkonfitüre ersetzen. Und anstelle des Mohns nehme ich manchmal auch gemahlene Pistazien. Keksvielfalt ohne Ende!

HAFERFLOCKIES

125 g weiche Butter | 175 g Zucker | 1 Eigelb (Größe M) | 130 g zarte Haferflocken | 60 g Vollkornmehl | ½ TL Backpulver | 25 g getrocknete Cranberrys

Fruchtig süß & ballaststoffreich

Für ca. 15 Stück | 15 Min. Zubereitung | 12 Min. Backen pro Blech
Pro Stück ca. 160 kcal, 2 g EW, 8 g F, 21 g KH

1 Den Backofen auf 180° vorheizen. Zwei Backbleche mit Backpapier auslegen.

2 Die Butter mit dem Zucker und dem Eigelb mit den Quirlen des Handrührgeräts schaumig aufschlagen. Die Haferflocken, das Vollkornmehl und das Backpulver dazugeben und unterrühren. Zum Schluss die Cranberrys rasch untermischen.

3 Den Teig in ca. 15 Portionen teilen und diese zwischen den Handflächen zu Kugeln formen. Die Teigkugeln mit reichlich Abstand zueinander auf die Backbleche legen und etwas flach drücken.

4 Die Haferflockies im Ofen (Mitte) pro Blech 10–12 Min. backen, bis der Rand zu bräunen beginnt. Herausnehmen, mit dem Backpapier vom Blech ziehen und auf einem Kuchengitter vollständig auskühlen lassen.

TIPP

Wer möchte, ersetzt die Cranberrys durch Rosinen oder andere kleine Trockenfrüchte. Größere Trockenfrüchte, wie beispielsweise Aprikosen, mit einem großen Messer fein hacken.

VANILLEHERZEN

2 Vanilleschoten | 250 g Mehl | ½ TL Backpulver | 85 g Zucker | 1 Ei | 125 g kalte Butter (in Würfeln) | 50 g Puderzucker | 20 g Johannisbeergelee | Mehl für die Arbeitsfläche | Herzausstecher (6 cm ∅)

Zum Verlieben

Für ca. 40 Stück | 30 Min. Zubereitung | 10 Min. Backen pro Blech
Pro Stück ca. 60 kcal, 1 g EW, 3 g F, 8 g KH

1 Den Backofen auf 180° vorheizen. Zwei Backbleche mit Backpapier auslegen. Die Vanilleschoten längs aufschneiden, das Mark mit dem Messerrücken herauskratzen und mit Mehl, Backpulver und Zucker in einer Schüssel vermischen. Ei und Butter dazugeben. Alle Zutaten mit den Händen zügig zu einem homogenen Teig verkneten.

2 Den Teig auf der bemehlten Arbeitsfläche ca. 5 mm dick ausrollen. Herzen ausstechen und mit etwas Abstand zueinander auf die Backbleche legen. Restlichen Teig erneut ausrollen und weitere Herzen ausstechen, bis er aufgebraucht ist.

3 Die Vanilleherzen im Ofen (Mitte) pro Blech 8–10 Min. backen. Herausnehmen, mit dem Backpapier vom Blech ziehen und auf einem Kuchengitter vollständig auskühlen lassen.

4 Inzwischen den Puderzucker sieben und mit Johannisbeergelee und 1–2 TL warmem Wasser zu einem dickflüssigen Guss verrühren. Mit einem Backpinsel auf die Vanilleherzen auftragen und fest werden lassen.

SCHOKOLADIG & BESONDERS

Der himmlische Duft von Kakao und Schokolade liegt in der Luft. Wer auf die Schnelle ganz besondere Kekse braucht, findet sie hier garantiert. Ob Schokoknöpfe oder Basler Brauns, Hamburger weiße Kuchen oder Rote-Bete-Schokotaler – aus feinen Zutaten werden Klassiker und außergewöhnliche Kekse gezaubert.

SCHOKOKNÖPFE

Auf die Kekse, fertig, los! Mit diesen kleinen, herrlich mürben Keksen steht dem superschnellen Schokogenuss absolut nichts mehr im Wege.

Für den Teig:
150 g weiche Butter
150 g Zucker
2 TL Vanillezucker oder
1 TL Vanilleextrakt (siehe S. 5)
4 Tropfen Rumaroma
30 g Kakaopulver
(schwach entölt)
2 Eier (Größe M)
210 g Mehl
Außerdem:
Spritzbeutel mit Sterntülle
(Größe 13)

Schokospaß in wenigen Minuten

Für ca. 60 Stück |
20 Min. Zubereitung |
10 Min. Backen pro Blech
Pro Stück ca. 45 kcal,
1 g EW, 2 g F, 5 g KH

1 Den Backofen auf 200° vorheizen. Zwei Backbleche mit Backpapier auslegen. Für den Teig die Butter mit Zucker, Vanillezucker oder Vanilleextrakt, Rumaroma und Kakao in einer Schüssel mit den Quirlen des Handrührgeräts glatt rühren.

2 Die Eier nacheinander einarbeiten. Das Mehl auf einmal dazugeben und alle Zutaten mit dem Handrührgerät zunächst auf niedriger, dann auf hoher Stufe zu einem geschmeidigen Teig verarbeiten. Den Teig in den Spritzbeutel mit Sterntülle füllen und ca. 1 cm hohe Tupfen mit ca. 2 cm Durchmesser auf die Backbleche spritzen, ca. 3 cm Abstand zwischen den Tupfen lassen.

3 Die Schokoknöpfe im Ofen (Mitte) pro Blech ca. 10 Min. backen. Herausnehmen, mit dem Backpapier vom Blech ziehen und auf einem Kuchengitter vollständig auskühlen lassen.

TIPP

Sie können das Weizenmehl durch eine andere Sorte austauschen, z. B. durch Dinkelmehl. Oder bereiten Sie den Teig mit Weizenvollkornmehl zu für eine ballaststoffreiche Variante. Wenn Sie lieber Backmargarine anstelle der Butter verwenden möchten, so ist auch das kein Problem. Einfach austauschen, die Menge bleibt gleich. Für einen besonders feinen Geschmack können Sie bis zu 10 % des Mehls durch gemahlene Mandeln ersetzen. Das gilt übrigens für alle Rezepte.

SCHOKOSTREIFEN

Doppelter Keks- und Schokogenuss: Der Teig wird mit Kakao verfeinert, der Belag mit Schokoraspeln, Mandeln und Kokos – ein Genuss für alle, die das Besondere lieben.

Für den Teig:
300 g Mehl
1 EL Kakaopulver
(schwach entölt)
130 g weiche Butter
100 g Zucker
1 Ei (Größe M)
Für den Belag:
2 Eier (Größe M)
100 g Zucker
50 g gemahlene Mandeln
50 g Kokosraspel
20 g Mehl
100 g Schokoraspel

Double chocolate!

Für ca. 80 Stück |
25 Min. Zubereitung |
20 Min. Backen
Pro Stück ca. 55 kcal,
1 g EW, 3 g F, 6 g KH

1 Den Backofen auf 200° vorheizen. Ein Backblech mit Backpapier auslegen. Für den Teig Mehl, Kakaopulver, Butter, Zucker und das Ei in eine große Schüssel geben und mit den Händen rasch zu einem Teig verkneten.

2 Den Teig direkt auf dem Backblech ausrollen. Zuerst mit den Händen etwas flach drücken und mit einem weiteren Backpapier belegen, dann klebt er nicht an der Teigrolle fest. Gleichmäßig ausrollen und mit den Fingern in die Ecken des Backblechs drücken. Im Ofen (Mitte) ca. 10 Min. backen.

3 Inzwischen für den Belag die Eier mit dem Zucker ca. 2 Min. hell-cremig aufschlagen. Gemahlene Mandeln, Kokosraspel, Mehl und Schokoraspel unterheben. Die Mischung mit einem Löffel gleichmäßig auf dem gebackenen Teigboden verstreichen. Das Ganze noch einmal ca. 10 Min. backen.

4 Das Blech aus dem Ofen nehmen und die Teigplatte sofort mit einem Messer in gleichmäßige Streifen (ca. 2 × 6 cm) schneiden. Auf dem Blech vollständig auskühlen lassen.

TIPP Die feinen Keksstreifen lassen sich auch mit herrlich nussigem Baiser toppen: Dafür 2 Eiweiß (Größe M) mit den Quirlen des Handrührgeräts zu steifem Eischnee schlagen. Dabei 70 g Zucker und 2 TL Vanillezucker einrieseln lassen. Unter den steifen Eischnee noch 120 g gemahlene Haselnüsse und 100 g gehackte Mandeln heben. Die Mischung wie oben beschrieben mit einem Löffel auf dem gebackenen Teigboden verstreichen. Die Kekse weitere 10–12 Min. backen.

PINIENKERN-COOKIES

150 g Vollmilchkuvertüre | 100 g weiche Butter |
50 g Zucker | Salz | 1 Eigelb (Größe M) |
140 g Mehl | ¼ TL Backpulver | 50 g Pinienkerne

Fein, nussig, lecker

Für ca. 30 Stück | 12 Min. Zubereitung |
18 Min. Backen pro Blech
Pro Stück ca. 85 kcal, 1 g EW, 6 g F, 8 g KH

1 Den Backofen auf 160° vorheizen. Zwei Backbleche mit Backpapier auslegen. Die Kuvertüre mit
einem großen Messer fein hacken oder auf der Küchenreibe reiben.

2 Butter, Zucker und 1 kräftige Prise Salz sowie
das Eigelb in eine Schüssel geben und mit den
Quirlen des Handrührgeräts zügig glatt rühren.
Mehl und Backpulver mischen, dazugeben und mit
dem Handrührgerät einarbeiten. Zum Schluss die

Pinienkerne und die fein gehackte Kuvertüre mit
den Händen rasch unter den Teig kneten.

3 Mit einem Teelöffel walnussgroße Teigportionen abnehmen und mit Abstand zueinander als
Häufchen auf die Backbleche setzen. Ist der Teig
gleichmäßig verteilt, jedes Häufchen mit dem Löffel etwas flach drücken.

4 Die Pinienkern-Cookies im Ofen (Mitte) pro
Blech 16–18 Min. knusprig backen. Herausnehmen,
mit dem Backpapier vom Blech ziehen und auf einem Kuchengitter vollständig auskühlen lassen.

TIPP

Dieses Rezept lässt sich super variieren, verwenden Sie doch einmal Zartbitter- anstelle
der Vollmilchkuvertüre und Pistazien anstelle
der Pinienkerne. Eine tolle Kombination!

BASLER BRAUNS

100 g Vollmilchkuvertüre | 2 Eier (Größe M) | 150 g Zucker | 1 TL Vanillezucker | ½ TL Zimtpulver | Salz | 200 g gemahlene Mandeln

Klassiker – hier mal ganz fix!

Für ca. 30 Stück | 12 Min. Zubereitung | 20 Min. Backen pro Blech
Pro Stück ca. 85 kcal, 2 g EW, 5 g F, 7 g KH

1 Den Backofen auf 160° vorheizen. Zwei Backbleche mit Backpapier auslegen. Die Kuvertüre mit einem schweren Messer sehr fein hacken oder auf der Küchenreibe fein reiben. Beiseitestellen.

2 Die Eier mit Zucker, Vanillezucker, Zimtpulver und 1 Prise Salz in einer Schüssel mit den Quirlen des Handrührgeräts ca. 1 Min. glatt rühren. Gemahlene Mandeln und Kuvertüre unterrühren.

3 Mit zwei Teelöffeln kleine Teigportionen abnehmen und mit ausreichend Abstand zueinander je 15 walnussgroße Häufchen auf jedes Backblech setzen. Die Basler Brauns im Ofen (Mitte) pro Blech ca. 20 Min. backen. Herausnehmen und auf dem Backblech vollständig auskühlen lassen.

TIPP

Die älteste Erwähnung der »Basler Brunsli«, wie sie in der Schweiz liebevoll genannt werden, stammt aus dem Jahre 1725. Sie werden in der ganzen Schweiz gebacken und gegessen, aber stark mit der Basler Region in Verbindung gebracht. Ursprünglich ist der Teig viel fester und wird nach einer langen Kühlzeit ausgerollt und ausgestochen. Diese Express-Brunsli kommen ohne Kühlen ganz schnell auf das Blech.

SCHOKO-COOKIES

Wer liebt sie nicht, die Klassiker aus Amerika mit dem ganz besonderen Biss. Hier stelle ich Ihnen eine besonders feine Variante mit gemahlenen Mandeln vor.

150 g weiche Butter
230 g (Roh-)Rohrzucker
1 Ei (Größe M)
2 TL Vanillezucker
Salz
220 g Mehl
130 g gemahlene Mandeln
240 g Zartbitter-Schoko-
tröpfchen (Fertigprodukt)

Riesengroße Leckerbissen

Für 24 Stück |
13 Min. Zubereitung |
12 Min. Backen pro Blech
Pro Stück ca. 205 kcal,
3 g EW, 12 g F, 22 g KH

1 Den Backofen auf 180° vorheizen und zwei Backbleche mit Backpapier auslegen.

2 Butter, Zucker, Ei, Vanillezucker und 1 Prise Salz in einer Schüssel mit den Quirlen des Handrührgeräts schaumig aufschlagen. Mehl, gemahlene Mandeln und Schokotröpfchen dazugeben. Alle Zutaten zügig mit den Händen zu einem Teig verkneten.

3 Den Teig zu einer Rolle von ca. 7 cm Durchmesser formen und in 24 gleich dicke Scheiben schneiden. Die Teigscheiben mit den Händen zu Kugeln formen und mit reichlich Abstand zueinander auf die Backbleche setzen. Dann jede Teigkugel mit dem Boden eines Glases auf eine Höhe von 6–7 mm flach drücken.

4 Die Schoko-Cookies im Ofen (Mitte) pro Blech 10–12 Min. backen. Herausnehmen, mit dem Backpapier vom Blech ziehen und auf einem Kuchengitter vollständig auskühlen lassen.

TIPP   Keine Schokotröpfchen zur Hand? Nehmen Sie einfach eine Schokolade Ihrer Wahl, hacken oder reiben Sie sie grob und verwenden sie stattdessen. Die Cookies sind ganz schön groß, aber natürlich geht's auch kleiner, wenn Sie das lieber mögen. Dann die Teigrolle nur halb so dick formen, also mit ca. 3,5 cm Durchmesser. Dafür doppelt so viele Scheiben abschneiden. Die kleinen Cookies müssen nicht so lange gebacken werden, nach 7–10 Minuten sind sie fertig. Seien Sie bei der Zugabe von Salz zum Teig mal etwas großzügiger und geben 2 Prisen dazu. Die salzige Note zusammen mit dem leicht karamelligen Geschmack des Rohrohrzuckers hat fast schon süchtig machenden Charakter!

HAMBURGER WEISSE KUCHEN

50 g Schweineschmalz | 50 g Backmargarine |
150 g Zucker | 380 g Mehl | 60 ml Rosenwasser |
½ TL Hirschhornsalz | 1 Ei (Größe M) | 50 g ge-
hacktes Zitronat | Mehl für die Arbeitsfläche

Wiederentdeckter Klassiker

Für ca. 45 Stück | 20 Min. Zubereitung |
12 Min. Backen pro Blech
Pro Stück ca. 65 kcal, 1 g EW, 2 g F, 10 g KH

1 Den Backofen auf 200° vorheizen. Zwei Backbleche mit Backpapier auslegen. Das Schweine-
schmalz mit Margarine und Zucker in einem Topf
bei starker Hitze schmelzen, bis sich der Zucker
aufgelöst hat. Das Mehl in eine Schüssel geben.

2 Den Topf vom Herd nehmen, das Fett kurz abkühlen lassen und das Rosenwasser unterrühren.
Das Hirschhornsalz in 1 TL Wasser auflösen und
dazugeben. Diese Mischung und das Ei zum Mehl
geben und alle Zutaten mit den Händen zu einem
geschmeidigen Teig verkneten.

3 Auf der bemehlten Arbeitsfläche zu einem
Rechteck (ca. 40 × 30 cm) ausrollen. Dabei den
Teig mit den Händen gelegentlich in eine rechteckige Form drücken und weiter ausrollen. Die
Teigplatte in Quadrate von ca. 5 × 5 cm schneiden
und auf die Backbleche verteilen. Mit dem Zitronat
bestreuen und dieses etwas andrücken.

4 Die Hamburger weißen Kuchen im Ofen (Mitte)
pro Blech ca. 12 Min. backen. Herausnehmen, mit
dem Backpapier vom Blech ziehen und auf einem
Kuchengitter vollständig auskühlen lassen.

FLORENTINER

40 g Honig (z. B. Akazienhonig) | 35 g weiche Butter | 75 g Zucker | 60 g Sahne | 20 g Orangeat | 200 g Mandelblättchen | 100 g Zartbitterkuvertüre

Nussiger Klassiker

Für ca. 30 Stück | 25 Min. Zubereitung |
5 Min. Backen
Pro Stück ca. 90 kcal, 2 g EW, 6 g F, 6 g KH

1 Den Backofen auf 220° vorheizen. Ein Backblech mit Backpapier auslegen. Honig, Butter und Zucker direkt in einen kleinen Topf abwiegen und bei starker Hitze aufkochen. Die Hitze reduzieren und die Mischung ca. 5 Min. köcheln lassen. Die Sahne dazugeben und einmal aufkochen lassen.

2 Inzwischen das Orangeat mit einem großen Messer sehr fein hacken und mit den Mandelblättchen in einer Schüssel mischen. Die Sahne-Honig-Mischung dazugeben und alles mit einem Kochlöffel gut vermengen.

3 Auf das Backpapier gießen und mit einer Palette oder einem Löffel zu einem flachen Quadrat von ca. 25 × 25 cm verstreichen. Im Ofen (Mitte) ca. 5 Min. goldgelb backen. Herausnehmen und auf dem Blech ca. 5 Min. abkühlen lassen. Inzwischen die Kuvertüre hacken und in einer Schüssel über dem warmen Wasserbad schmelzen.

4 Die Florentinermasse mit einem zweiten Backpapier belegen und auf ein Schneidebrett stürzen. Die Unterseite mit der Kuvertüre bestreichen. Die Florentiner mit einem Messer in ca. 5 × 5 cm große Quadrate schneiden und auskühlen lassen, bis die Kuvertüre fest geworden ist.

ROTE-BETE-SCHOKOTALER

240 g Mehl | 30 g Speisestärke | 125 g Zucker | Salz | 1 TL Backpulver | 125 g weiche Butter | 2 EL Milch | 3 EL Rote-Bete-Saft (ca. 30 ml) | 60 g Zartbitter-Schokoblättchen (Fertigprodukt)

Ungewöhnlich & farbenfroh

Für ca. 50 Stück | 13 Min. Zubereitung | 13 Min. Backen pro Blech
Pro Stück ca. 55 kcal, 1 g EW, 3 g F, 7 g KH

1 Den Backofen auf 190° vorheizen. Zwei Backbleche mit Backpapier auslegen. Mehl, Stärke, Zucker, 1 Prise Salz und Backpulver in einer Schüssel mischen und in die Mitte eine Mulde drücken. Butter, Milch und Rote-Bete-Saft hineingeben und alle Zutaten mit den Händen rasch zu einem geschmeidigen Teig verkneten. Die Schokoladenblättchen zum Schluss rasch unter den Teig kneten.

2 Aus dem Teig eine Rolle mit ca. 4 cm Durchmesser formen und diese in 6–7 mm dicke Scheiben schneiden. Die Scheiben mit etwas Abstand zueinander auf die Backbleche legen.

3 Die Rote-Bete-Schokotaler im Ofen (Mitte) pro Blech ca. 13 Min. backen. Herausnehmen, mit dem Backpapier vom Blech ziehen und auf einem Kuchengitter vollständig auskühlen lassen.

BLONDIES MIT HIMBEEREN

Sie lieben Brownies? Dann warten Sie ab, bis Sie diese Blondies probiert haben! Ein Traum aus weißer Schokolade und Himbeeren, der schnell zu verwirklichen ist.

100 g weiße Kuvertüre
225 g weiche Butter
190 g Zucker
1 TL Vanillezucker oder
½ TL Vanilleextrakt (siehe S. 5)
3 Eier (Größe M)
225 g Mehl
1 TL Backpulver
150 g TK-Himbeeren
Puderzucker zum Bestäuben

Himmlisch himbeerig

Für ca. 20 Stück |
20 Min. Zubereitung |
35 Min. Backen
Pro Stück ca. 205 kcal,
3 g EW, 12 g F, 21 g KH

1 Den Backofen auf 180° vorheizen. Eine rechteckige Auflaufform (ca. 26 × 20 cm) mit Backpapier auslegen. Dafür das Backpapier einmal kräftig zusammenknüllen und wieder auseinanderfalten. Auf diese Weise passt es sich der Auflaufform gut an. Die Kuvertüre mit einem großen Messer fein hacken oder auf der Küchenreibe reiben und beiseitestellen.

2 Butter, Zucker und Vanillezucker oder Vanilleextrakt in einer Schüssel mit den Quirlen des Handrührgeräts ca. 1 Min. cremig rühren. Die Eier nacheinander einarbeiten. Mehl und Backpulver mischen und zusammen mit der Kuvertüre unterrühren.

3 Zwei Drittel der gefrorenen Himbeeren zügig unter den Teig heben. Die Mischung in die Form füllen, mit einem Teigspatel gleichmäßig verteilen und mit den restlichen Himbeeren bestreuen. Die Form in den Ofen (Mitte) schieben und die Blondies 35–40 Min. backen. Herausnehmen, mit dem Backpapier aus der Form heben, in 20 ca. 6 × 5 cm große Würfel schneiden und auskühlen lassen. Vor dem Servieren mit Puderzucker bestäuben.

TIPP   Selbstverständlich können Sie die gefrorenen Himbeeren durch andere Tiefkühlfrüchte austauschen. Erdbeeren sind etwas groß und sollten vorher klein geschnitten werden. Brombeeren, Johannisbeeren oder Kirschen eignen sich gut. Besonders spannend finde ich übrigens die Kombination von Zartbitterkuvertüre und Heidelbeeren.

MINI-SCONES MIT SCHOKODROPS

250 g Mehl | 2 TL Backpulver | Salz | 40 g Zucker | 30 g kalte Butter | 150 ml Milch | 75 g Zartbitter-Schokotröpfchen (Fertigprodukt) | runder Ausstecher (3 cm ⌀) | Mehl für die Arbeitsfläche und die Teigrolle

Ein Happs und weg sind sie …

Für ca. 20 Stück | 20 Min. Zubereitung |
12 Min. Backen pro Blech
Pro Stück ca. 85 kcal, 2 g EW, 3 g F, 13 g KH

1 Den Backofen auf 220° vorheizen. Zwei Backbleche mit Backpapier auslegen. Mehl, Backpulver, 1 Prise Salz und Zucker in einer Schüssel mischen. Die Butter dazugeben und mit der Mehlmischung zwischen den Händen verreiben.

2 Die Milch dazugießen und alle Zutaten mit den Händen zu einem geschmeidigen Teig verkneten.

Zum Schluss die Schokotröpfchen unterkneten. Den Teig zu einer Kugel formen, auf die bemehlte Arbeitsfläche geben, etwas flach drücken und mit der bemehlten Teigrolle ca. 2 cm dick ausrollen.

3 Ca. 20 Kreise aus dem Teig ausstechen und mit ausreichend Abstand zueinander auf die Backbleche verteilen. Die Mini-Scones im Ofen (Mitte) pro Blech 10–12 Min. backen, bis sie leicht gebräunt sind. Herausnehmen, mit dem Backpapier vom Blech ziehen und auf einem Kuchengitter vollständig auskühlen lassen.

TIPP

Für eine fruchtige Variante der Mini-Scones tauschen Sie die Schokotröpfchen gegen die gleiche Menge Rosinen oder Cranberrys aus.

MINI-AMERIKANER

85 g weiche Butter | 85 g Zucker | 2 Eier (Größe M) | 160 ml Milch | 340 g Mehl | 2 TL Backpulver | 180 g Puderzucker | 1 kleine Zitrone

Frisch am besten

Für 24 Stück | 25 Min. Zubereitung |
15 Min. Backen pro Blech
Pro Stück ca. 130 kcal, 2 g EW, 4 g F, 22 g KH

1 Den Backofen auf 175° vorheizen. Zwei Backbleche mit Backpapier auslegen. Butter, Zucker und Eier in einer Schüssel mit den Quirlen des Handrührgeräts ca. 1 Min. cremig aufschlagen. Die Milch dazugeben und unterrühren, dann das Mehl mit dem Backpulver mischen und zügig unterrühren, bis ein glatter Teig entstanden ist.

2 Mit einem Esslöffel nach und nach 24 kleine Teigportionen abnehmen und mithilfe eines zwei-ten Esslöffels mit etwas Abstand zueinander in runden Häufchen auf die Backbleche setzen.

3 Die Mini-Amerikaner im Ofen (Mitte) pro Blech 14–15 Min. backen. Herausnehmen, mit dem Backpapier vom Blech ziehen und auf einem Kuchengitter ca. 5 Min. abkühlen lassen.

4 Inzwischen den Puderzucker in eine Schüssel sieben. Die Zitrone auspressen und 3 EL Zitronensaft mit dem Puderzucker zu einem dickflüssigen, glatten Guss verrühren. Die Mini-Amerikaner umdrehen und auf der flachen Seite sehr dick mit dem Zuckerguss bestreichen. Vollständig auskühlen lassen, bis der Zuckerguss fest ist.

RATZFATZ-SCHOKOLEBKUCHEN

Bei diesen leckeren superschnellen Lebkuchen besteht erhöhte Suchtgefahr
und das nicht nur zur Weihnachtszeit! Schnell ausprobieren!

Für den Teig:
150 g Butter
2 EL Honig
280 g Mehl
20 g Kakaopulver
(schwach entölt)
300 g Zucker
100 g gemahlene Haselnüsse
4 TL Lebkuchengewürz
(siehe S. 5)
2 TL Vanillezucker
1 Päckchen Backpulver
4 Eier (Größe M)
250 ml Milch
Zum Bestreichen:
150 g Vollmilch-Kuchenglasur
(Fertigprodukt)

Schmecken das ganze Jahr

Für ca. 70 Stück |
25 Min. Zubereitung |
20 Min. Backen
Pro Stück ca. 80 kcal,
1 g EW, 4 g F, 9 g KH

1 Den Backofen auf 180° vorheizen. Ein Backblech bis zum Rand mit Backpapier belegen. Für den Teig Butter und Honig in einen kleinen Topf geben und bei schwacher bis mittlerer Hitze erwärmen, bis die Butter geschmolzen ist.

2 Inzwischen das Mehl mit Kakaopulver, Zucker, gemahlenen Haselnüssen, Lebkuchengewürz, Vanillezucker und Backpulver in einer Schüssel gründlich vermischen. Eier und Milch in einer großen Schüssel mit den Quirlen des Handrührgeräts verrühren. Die Butter-Honig-Mischung dazulaufen lassen. Die trockenen Zutaten hinzufügen und alles mit dem Handrührgerät zügig zu einem geschmeidigen Teig verrühren.

3 Den Teig mit einem Teigspatel gleichmäßig auf dem Backblech verteilen, in den Ofen (Mitte) schieben und ca. 20 Min. backen. Inzwischen die Kuchenglasur nach Packungsanweisung schmelzen. Das Blech aus dem Backofen nehmen und die Glasur gleichmäßig auf der Teigplatte verstreichen. Vollständig auskühlen lassen. Dann in ca. 4 × 4 cm große Quadrate schneiden.

TIPP

Bestreuen Sie die mit Schokoladenglasur bestrichene Teigplatte zur Abwechslung noch mit Mandelblättchen oder knusprigem Haselnusskrokant. Besonders schön sieht es aus, wenn Sie zweierlei Schokoladenglasur verwenden, eine helle und eine dunkle. Diese mit einem Löffel ineinander verziehen. Dann jeweils nur die halbe Packung verwenden – es sei denn, Sie mögen den Schokoguss extra dick.

MINI-ZITRONENMUFFINS

1 kleine Bio-Zitrone | 120 g Mehl | ½ TL Backpulver | 55 g Zucker | 1 TL Vanillezucker | 80 g Naturjoghurt (3,5 % Fett) | 40 ml Rapsöl | 1 Eigelb (Größe M) | 36 Mini-Muffinförmchen aus Papier (4,5 cm ∅) | Puderzucker zum Bestäuben

Kinderlieblinge

Für 18 Stück | 15 Min. Zubereitung |
12 Min. Backen
Pro Stück ca. 65 kcal, 1 g EW, 3 g F, 8 g KH

1 Je zwei Papierförmchen ineinander setzen und auf einem Backblech verteilen. Den Backofen auf 180° vorheizen. Die Zitrone heiß waschen, abtrocknen und die Schale fein abreiben. Den Saft auspressen und 30 ml abmessen.

2 Mehl und Backpulver mischen. Zucker, Vanillezucker, Joghurt, Rapsöl, Eigelb, Zitronensaft und -schale in eine Schüssel geben und mit den Quirlen des Handrührgeräts kurz glatt rühren. Die Mehlmischung dazugeben und alle Zutaten rasch zu einem glatten Teig verrühren. Den Teig mithilfe von zwei Teelöffeln auf die Förmchen verteilen.

3 Die Mini-Zitronenmuffins im Ofen (Mitte) ca. 12 Min. backen. Herausnehmen, kurz auf dem Blech abkühlen lassen und dann auf einem Kuchengitter vollständig auskühlen lassen. Mit Puderzucker bestäuben.

TIPP

Wenn mir die Förmchen ausgegangen sind, spritze ich den Teig mithilfe eines Spritzbeutels und einer Sterntülle (Größe 10) direkt auf das mit Backpapier belegte Backblech. Notfalls lässt sich der Teig auch mit zwei Teelöffeln auf das Backblech setzen.

COFFEE-NUT-BITES

150 g Mehl | 50 g Kakaopulver (schwach entölt) | 50 g gemahlene Haselnüsse | 1 TL Backpulver | Salz | 2 Eier (Größe M) | 150 g Zucker | 2 TL löslicher Kaffee (ca. 10 g) | 6 EL Rapsöl | Puderzucker zum Bestäuben

Für Kaffeeliebhaber

Für ca. 35 Stück | 18 Min. Zubereitung |
13 Min. Backen pro Blech
Pro Stück ca. 70 kcal, 1 g EW, 3 g F, 9 g KH

1 Den Backofen auf 180° vorheizen. Zwei Backbleche mit Backpapier auslegen. Mehl, Kakaopulver, gemahlene Haselnüsse, Backpulver und 1 Prise Salz in einer Schüssel gut vermischen.

2 Die Eier mit Zucker, löslichem Kaffee und Rapsöl in einer großen Schüssel mit den Quirlen des Handrührgeräts schaumig aufschlagen. Die trockenen Zutaten esslöffelweise dazugeben und alles zügig zu einem Teig verrühren.

3 Mit einem Teelöffel walnussgroße Teigportionen abnehmen und mithilfe eines zweiten Teelöffels mit etwas Abstand zueinander als Häufchen auf die Backbleche setzen.

4 Die Kekse im Ofen (Mitte) pro Blech 12–13 Min. backen. Herausnehmen, mit dem Backpapier vom Blech ziehen und auf einem Kuchengitter auskühlen lassen. Mit Puderzucker bestäuben.

TIPP

Das Aromatisieren von Kaffee-Spezialitäten liegt ja voll im Trend. Mit diesen Keksen können Sie es genauso machen: Ersetzen Sie das Rapsöl durch edles Walnussöl und die gemahlenen Haselnüsse durch Walnüsse.

REGISTER

Damit Sie Rezepte mit bestimmten Zutaten noch schneller finden, sind in diesem Register auch beliebte Zutaten wie **Kakao** oder **Vanille** alphabetisch eingeordnet und hervorgehoben. Darunter finden Sie das Rezept Ihrer Wahl.

© 2016 GRÄFE UND UNZER VERLAG GmbH, München Alle Rechte vorbehalten. Nachdruck, auch auszugsweise, sowie die Verbreitung durch Film, Funk, Fernsehen und Internet, durch fotomechanische Wiedergabe, Tonträger und Datenverarbeitungssysteme jeglicher Art nur mit schriftlicher Genehmigung des Verlages.

Projektleitung: Monika Greiner
Lektorat: Katharina Lisson
Korrektorat: Waltraud Schmidt
Innen- und Umschlaggestaltung: independent Medien-Design, Horst Moser, München
Herstellung: Mendy Jost
Satz: Kösel, Krugzell
Reproduktion: medienprinzen GmbH, München
Druck und Bindung: Schreckhase, Spangenberg
Syndication: www.seasons.agency. Ein Unternehmensbereich der StockFood GmbH, Tumblingerstr. 32, 80337 München, Tel: 089-7472020
Printed in Germany

01. Auflage 2016
ISBN 978-3-8338-5330-2

www.facebook.com/gu.verlag

GRÄFE UND UNZER

Ein Unternehmen der
GANSKE VERLAGSGRUPPE

Der Autor

Nico Stanitzok ist diätisch geschulter Koch, der es als Ausgleich zu seiner täglichen Arbeit liebt zu backen. Ein Lieblingsgebäck von ihm sind Macarons, die er auf www.mein-macaron.de präsentiert. Mit Turboantrieb serviert er uns hier wunderbare Expressrezepte für den Von-jetzt-auf-gleich Kekshunger.

Der Fotograf

Wolfgang Schardt hegt eine Leidenschaft für gutes Essen und hat ein Händchen dafür, jedes Gericht im besten Licht zu präsentieren. Zusammen mit **Petra Speckmann** (Foodstyling) und **Janet Hesse** (Assistenz) machte er sein Studio zur Knusper-Oase und zeigt uns die Ratzfatz-Kekse von ihrer schönsten Seite.

Bildnachweis

Autorenfoto: Klaus Scholl, alle anderen Fotos: Wolfgang Schardt, Hamburg

Titelrezepte (v.l.n.r.)

Aprikosen-Mandel-Kekse (S. 26), Blondies mit Himbeeren (S. 52)

Umwelthinweis:

Dieses Buch ist auf PEFC-zertifiziertem Papier aus nachhaltiger Waldwirtschaft gedruckt.

QUALITÄTS
G|U
GARANTIE

Liebe Leserin, lieber Leser,

haben wir Ihre Erwartungen erfüllt? Sind Sie mit diesem Buch zufrieden? Haben Sie weitere Fragen zu diesem Thema? Wir freuen uns auf Ihre Rückmeldung, auf Lob, Kritik und Anregungen, damit wir für Sie immer besser werden können.

GRÄFE UND UNZER Verlag
Leserservice
Postfach 86 03 13
81630 München
E-Mail:
leserservice@graefe-und-unzer.de

Telefon: 00800 / 72 37 33 33*
Telefax: 00800 / 50 12 05 44*
Mo–Do: 9.00 – 17.00 Uhr
Fr: 9.00 – 16.00 Uhr
(gebührenfrei in D, A, CH)*

Ihr GRÄFE UND UNZER Verlag
Der erste Ratgeberverlag – seit 1722.

Backofenhinweis:

Die Backzeiten können je nach Herd variieren. Die Temperaturangaben in unseren Rezepten beziehen sich auf das Backen im Elektroherd mit Ober- und Unterhitze und können bei Gasherden oder Backen mit Umluft abweichen. Details entnehmen Sie bitte Ihrer Gebrauchsanweisung.

Appetit auf mehr?

PRALINEN & KONFEKT
Immer eine Sünde wert

KERSTIN SPEHR | PETRA CASPAREK

ISBN 978-3-8338-4464-5

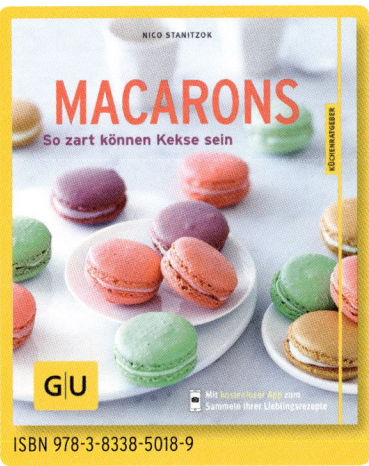

NICO STANITZOK

MACARONS
So zart können Kekse sein

ISBN 978-3-8338-5018-9

ANNE-KATRIN WEBER

BACKEN FÜR KINDER
Was kleine Krümelmonster lieben

ISBN 978-3-8338-4465-2

WEIHNACHTS-PLÄTZCHEN
Die besten 60 Rezepte

Laden im App Store

ANDROID APP BEI
Google play

MARIANNE ZUNNER

KAFFEE-KULT
Das Beste zu und mit unserem Lieblingsgetränk

ISBN 978-3-8338-4658-8

CHRISTINA RICHON

WEIHNACHTS-PLÄTZCHEN
Himmlisch lecker und bezaubernd süß

ISBN 978-3-8338-3434-9

Alle hier vorgestellten Bücher sind auch als eBook erhältlich.

Mehr von GU auf **www.gu.de** und
f **facebook.com/gu.verlag**

G|U
Willkommen im Leben.

KLEINE SÜNDEN TO GO

Knabberspaß auch ohne Ofen: Diese feinen Kugeln und Kekse gelingen im Handumdrehen und werden ausnahmsweise nicht im Ofen fertig gebacken.

KOKOS-SCHOKO-KUGELN

Für ca. 20 Stück: 50 g Butter und 50 ml Milch in einem kleinen Topf bei mittlerer Hitze erwärmen, bis die Butter geschmolzen ist. 50 g Zartbitter- und 100 g Vollmilchkuvertüre grob hacken und in eine Schüssel geben, mit der heißen Mischung übergießen und darin ca. 1 Min. unter Rühren schmelzen. Glatt rühren. 100 g gemahlene Haselnüsse, 40 g Puderzucker, ½ Fläschchen Rumaroma und 30 g Kokosraspel dazugeben, alles gut vermischen. Die Masse zugedeckt ca. 30 Min. in den Kühlschrank stellen. Mit einem Teelöffel Portionen abnehmen und zwischen den Handflächen zu Kugeln formen, diese in 40 g Kokosraspeln wälzen. Zugedeckt ca. 30 Min. kühl stellen.

KARAMELL-KNUSPERLE

Für ca. 40 Stück: Ein Backblech mit Backpapier auslegen. 200 g weiche Karamellbonbons (z. B. Durchbeißer von Storck) mit 125 g Butter in einem Topf bei mittlerer Hitze schmelzen. Anfangs gelegentlich umrühren, später dann ständig rühren, bis die Bonbons ganz geschmolzen sind und die Mischung glatt ist. 100 g Sonnenblumenkerne und 190 g Honig-Pops in einer Schüssel mischen. Die Karamellbutter darübergießen und alle Zutaten gründlich verrühren. Die Mischung auf das Backblech gießen und mit einem Teigspatel zügig flach auf dem Blech verstreichen. Ca. 30 Min. auskühlen und fest werden lassen. Mit einem Messer in ca. 4 × 4 cm große Quadrate schneiden.